TRANZLATY

La Langue est pour tout le Monde

La lingua è per tutti

La Belle et la Bête

Bella e la Bestia

Gabrielle-Suzanne Barbot de Villeneuve

Français / Italiano

Copyright © 2025 Tranzlaty
All rights reserved
Published by Tranzlaty
ISBN: 978-1-80572-049-2
Original text by Gabrielle-Suzanne Barbot de Villeneuve
La Belle et la Bête
First published in French in 1740
Taken from The Blue Fairy Book (Andrew Lang)
Illustration by Walter Crane
www.tranzlaty.com

Il était une fois un riche marchand
C'era una volta un ricco mercante
ce riche marchand avait six enfants
Questo ricco mercante ebbe sei figli
il avait trois fils et trois filles
Ebbe tre figli e tre figlie
il n'a épargné aucun coût pour leur éducation
Non ha badato a spese per la loro istruzione
parce qu'il était un homme sensé
perché era un uomo di buon senso
mais il a donné à ses enfants de nombreux serviteurs
ma diede ai suoi figli molti servi
ses filles étaient extrêmement jolies
le sue figlie erano estremamente carine
et sa plus jeune fille était particulièrement jolie
e la figlia più giovane era particolarmente carina
Déjà enfant, sa beauté était admirée
già da bambina la sua bellezza era ammirata
et les gens l'appelaient à cause de sa beauté
e il popolo la chiamava con la sua bellezza
sa beauté ne s'est pas estompée avec l'âge
la sua bellezza non è svanita con l'avanzare dell'età
alors les gens ont continué à l'appeler par sa beauté
così la gente continuava a chiamarla con la sua bellezza
cela a rendu ses sœurs très jalouses
Questo rese le sue sorelle molto gelose
les deux filles aînées avaient beaucoup de fierté
Le due figlie maggiori erano molto orgogliose
leur richesse était la source de leur fierté
La loro ricchezza era la fonte del loro orgoglio
et ils n'ont pas caché leur fierté non plus
E non nascondevano nemmeno il loro orgoglio
ils n'ont pas rendu visite aux filles d'autres marchands
non visitavano le figlie di altri mercanti
parce qu'ils ne rencontrent que l'aristocratie
perché incontrano solo l'aristocrazia

ils sortaient tous les jours pour faire la fête
Uscivano tutti i giorni alle feste
bals, pièces de théâtre, concerts, etc.
balli, spettacoli teatrali, concerti e così via
et ils se moquèrent de leur plus jeune sœur
e risero della loro sorella minore
parce qu'elle passait la plupart de son temps à lire
perché passava la maggior parte del suo tempo a leggere
il était bien connu qu'ils étaient riches
Era risaputo che erano ricchi
alors plusieurs marchands éminents ont demandé leur main
Così diversi eminenti mercanti chiesero la loro mano
mais ils ont dit qu'ils n'allaient pas se marier
Ma hanno detto che non si sarebbero sposati
mais ils étaient prêts à faire quelques exceptions
ma erano pronti a fare alcune eccezioni
« Peut-être que je pourrais épouser un duc »
"forse potrei sposare un duca"
« Je suppose que je pourrais épouser un comte »
"Immagino che potrei sposare un conte"
Belle a remercié très civilement ceux qui lui ont proposé
Bella ringraziava molto civilmente coloro che le chiedevano di sposarlo
elle leur a dit qu'elle était encore trop jeune pour se marier
Disse loro che era ancora troppo giovane per sposarsi
elle voulait rester quelques années de plus avec son père
Voleva stare ancora qualche anno con suo padre
Tout d'un coup, le marchand a perdu sa fortune
All'improvviso il mercante perse la sua fortuna
il a tout perdu sauf une petite maison de campagne
perse tutto tranne una piccola casa di campagna
et il dit à ses enfants, les larmes aux yeux :
E disse ai suoi figli con le lacrime agli occhi:
« il faut aller à la campagne »
"Dobbiamo andare in campagna"
« et nous devons travailler pour gagner notre vie »

"E dobbiamo lavorare per vivere"
les deux filles aînées ne voulaient pas quitter la ville
Le due figlie maggiori non volevano lasciare la città
ils avaient plusieurs amants dans la ville
Avevano diversi amanti in città
et ils étaient sûrs que l'un de leurs amants les épouserait
ed erano sicuri che uno dei loro amanti li avrebbe sposati
ils pensaient que leurs amants les épouseraient même sans fortune
Pensavano che i loro amanti li avrebbero sposati anche senza fortuna
mais les bonnes dames se sont trompées
ma le brave signore si sbagliavano
leurs amants les ont abandonnés très vite
i loro amanti li abbandonarono molto rapidamente
parce qu'ils n'avaient plus de fortune
perché non avevano più fortuna
cela a montré qu'ils n'étaient pas vraiment appréciés
Questo ha dimostrato che in realtà non erano ben voluti
tout le monde a dit qu'ils ne méritaient pas d'être plaints
Tutti hanno detto che non meritano di essere compatiti
« **Nous sommes heureux de voir leur fierté humiliée** »
"Siamo lieti di vedere il loro orgoglio umiliato"
« **Qu'ils soient fiers de traire les vaches** »
"Si fobbino di mungere le mucche"
mais ils étaient préoccupés par Belle
ma erano preoccupati per Bella
elle était une créature si douce
Era una creatura così dolce
elle parlait si gentiment aux pauvres
Parlava così gentilmente alla povera gente
et elle était d'une nature si innocente
ed era di una natura così innocente
Plusieurs messieurs l'auraient épousée
Diversi gentiluomini l'avrebbero sposata
ils l'auraient épousée même si elle était pauvre

l'avrebbero sposata anche se era povera
mais elle leur a dit qu'elle ne pouvait pas les épouser
Ma lei disse loro che non poteva sposarli
parce qu'elle ne voulait pas quitter son père
perché non voleva lasciare suo padre
elle était déterminée à l'accompagner à la campagne
Era decisa ad andare con lui in campagna
afin qu'elle puisse le réconforter et l'aider
in modo che potesse confortarlo e aiutarlo
pauvre Belle était très affligée au début
La povera Bella era molto addolorata all'inizio
elle était attristée par la perte de sa fortune
era addolorata per la perdita della sua fortuna
"Mais pleurer ne changera pas mon destin"
"Ma piangere non cambierà le mie fortune"
« Je dois essayer de me rendre heureux sans richesse »
"Devo cercare di rendermi felice senza ricchezza"
ils sont venus dans leur maison de campagne
Arrivarono nella loro casa di campagna
et le marchand et ses trois fils s'appliquèrent à l'agriculture
e il mercante e i suoi tre figli si dedicarono all'agricoltura
Belle s'est levée à quatre heures du matin
Bella si alzava alle quattro del mattino
et elle s'est dépêchée de nettoyer la maison
e si affrettò a pulire la casa
et elle s'est assurée que le dîner était prêt
e si assicurò che la cena fosse pronta
au début, elle a trouvé sa nouvelle vie très difficile
All'inizio ha trovato la sua nuova vita molto difficile
parce qu'elle n'était pas habituée à un tel travail
perché non era stata abituata a un lavoro del genere
mais en moins de deux mois elle est devenue plus forte
ma in meno di due mesi divenne più forte
et elle était en meilleure santé que jamais auparavant
ed era più sana che mai
après avoir fait son travail, elle a lu

Dopo aver finito il suo lavoro, leggeva
elle jouait du clavecin
Suonava il clavicembalo
ou elle chantait en filant de la soie
o cantava mentre filava la seta
au contraire, ses deux sœurs ne savaient pas comment passer leur temps
Al contrario, le sue due sorelle non sapevano come passare il loro tempo
ils se sont levés à dix heures et n'ont rien fait d'autre que paresser toute la journée
Si alzavano alle dieci e non facevano altro che oziare tutto il giorno
ils ont déploré la perte de leurs beaux vêtements
Hanno lamentato la perdita dei loro bei vestiti
et ils se sont plaints d'avoir perdu leurs connaissances
e si lamentavano di aver perso i loro conoscenti
« Regardez notre plus jeune sœur », se dirent-ils.
"Dai un'occhiata alla nostra sorella più piccola", si dissero l'un l'altro
"Quelle pauvre et stupide créature elle est"
"Che povera e stupida creatura è"
"C'est mesquin de se contenter de si peu"
"È meschino accontentarsi di così poco"
le gentil marchand était d'un avis tout à fait différent
Il gentile mercante era di tutt'altra opinione
il savait très bien que Belle éclipsait ses sœurs
sapeva benissimo che Bella eclissava le sue sorelle
elle les a surpassés en caractère ainsi qu'en esprit
Li ha eclissati sia nel carattere che nella mente
il admirait son humilité et son travail acharné
ammirava la sua umiltà e il suo duro lavoro
mais il admirait surtout sa patience
ma più di tutto ammirava la sua pazienza
ses sœurs lui ont laissé tout le travail à faire
Le sue sorelle le lasciarono tutto il lavoro da fare

et ils l'insultaient à chaque instant
e l'hanno insultata in ogni momento
La famille vivait ainsi depuis environ un an.
La famiglia viveva così da circa un anno
puis le commerçant a reçu une lettre d'un comptable
Poi il mercante ricevette una lettera da un contabile
il avait un investissement dans un navire
Aveva investito in una nave
et le navire était arrivé sain et sauf
e la nave era arrivata sana e salva
Cette nouvelle a fait tourner les têtes des deux filles aînées
Questa notizia fece girare la testa alle due figlie maggiori
ils ont immédiatement eu l'espoir de revenir en ville
Ebbero subito la speranza di tornare in città
parce qu'ils étaient assez fatigués de la vie à la campagne
perché erano abbastanza stanchi della vita di campagna
ils sont allés vers leur père alors qu'il partait
Andarono dal padre mentre se ne andava
ils l'ont supplié de leur acheter de nouveaux vêtements
Lo pregarono di comprare loro dei vestiti nuovi
des robes, des rubans et toutes sortes de petites choses
vestiti, nastri e ogni sorta di piccole cose
mais Belle n'a rien demandé
ma Bella non ha chiesto nulla
parce qu'elle pensait que l'argent ne serait pas suffisant
perché pensava che i soldi non sarebbero stati sufficienti
il n'y aurait pas assez pour acheter tout ce que ses sœurs voulaient
Non ci sarebbe stato abbastanza per comprare tutto ciò che le sue sorelle volevano
"Que veux-tu, ma belle ?" demanda son père
«Che cosa ti piacerebbe, Bella?» chiese il padre
« Merci, père, pour la bonté de penser à moi », dit-elle
«Grazie, padre, per la bontà di pensare a me», disse
« Père, ayez la gentillesse de m'apporter une rose »
"Padre, sii così gentile da portarmi una rosa"

"parce qu'aucune rose ne pousse ici dans le jardin"
"Perché qui in giardino non crescono rose"
"et les roses sont une sorte de rareté"
"E le rose sono una specie di rarità"
Belle ne se souciait pas vraiment des roses
Bella non importava davvero delle rose
elle a juste demandé quelque chose pour ne pas condamner ses sœurs
Chiedeva solo qualcosa per non condannare le sue sorelle
mais ses sœurs pensaient qu'elle avait demandé des roses pour d'autres raisons
Ma le sue sorelle pensavano che avesse chiesto delle rose per altri motivi
"Elle l'a fait juste pour avoir l'air particulière"
"Lo faceva solo per sembrare particolare"
L'homme gentil est parti en voyage
L'uomo gentile proseguì il suo viaggio
mais quand il est arrivé, ils se sont disputés à propos de la marchandise
ma quando arrivò, litigarono per la merce
et après beaucoup d'ennuis, il est revenu aussi pauvre qu'avant
e dopo un sacco di guai tornò povero come prima
il était à quelques heures de sa propre maison
Era a un paio d'ore da casa sua
et il imaginait déjà la joie de revoir ses enfants
e già immaginava la gioia di vedere i suoi figli
mais en traversant la forêt, il s'est perdu
ma quando attraversava la foresta si perdeva
il a plu et neigé terriblement
Pioveva e nevicava terribilmente
le vent était si fort qu'il l'a fait tomber de son cheval
Il vento era così forte che lo fece cadere da cavallo
et la nuit arrivait rapidement
e la notte stava arrivando in fretta
il a commencé à penser qu'il pourrait mourir de faim

Cominciò a pensare che avrebbe potuto morire di fame
et il pensait qu'il pourrait mourir de froid
e pensò che sarebbe potuto morire assidere
et il pensait que les loups pourraient le manger
E pensava che i lupi potessero mangiarlo
les loups qu'il entendait hurler tout autour de lui
i lupi che sentiva ululare intorno a lui
mais tout à coup il a vu une lumière
ma all'improvviso vide una luce
il a vu la lumière au loin à travers les arbres
Vide la luce in lontananza attraverso gli alberi
quand il s'est approché, il a vu que la lumière était un palais
Quando si avvicinò, vide che la luce era un palazzo
le palais était illuminé de haut en bas
Il palazzo era illuminato da cima a fondo
le marchand a remercié Dieu pour sa chance
il mercante ringraziò Dio per la sua fortuna
et il se précipita vers le palais
e si affrettò a palazzo
mais il fut surpris de ne voir personne dans le palais
ma fu sorpreso di non vedere nessuno nel palazzo
la cour était complètement vide
Il cortile era completamente vuoto
et il n'y avait aucun signe de vie nulle part
e non c'era segno di vita da nessuna parte
son cheval le suivit dans le palais
Il suo cavallo lo seguì nel palazzo
et puis son cheval a trouvé une grande écurie
e poi il suo cavallo trovò una grande stalla
le pauvre animal était presque affamé
il povero animale era quasi affamato
alors son cheval est allé chercher du foin et de l'avoine
Così il suo cavallo andò a cercare fieno e avena
Heureusement, il a trouvé beaucoup à manger
Fortunatamente trovò molto da mangiare
et le marchand attacha son cheval à la mangeoire

e il mercante legò il cavallo alla mangiatoia
En marchant vers la maison, il n'a vu personne
Camminando verso la casa non vide nessuno
mais dans une grande salle il trouva un bon feu
ma in una grande sala trovò un buon fuoco
et il a trouvé une table dressée pour une personne
e trovò una tavola apparecchiata per uno
il était mouillé par la pluie et la neige
Era bagnato dalla pioggia e dalla neve
alors il s'est approché du feu pour se sécher
Così si avvicinò al fuoco per asciugarsi
« J'espère que le maître de maison m'excusera »
"Spero che il padrone di casa mi scusi"
« Je suppose qu'il ne faudra pas longtemps pour que quelqu'un apparaisse »
"Suppongo che non ci vorrà molto prima che qualcuno appaia"
Il a attendu un temps considérable
Attese a lungo
il a attendu jusqu'à ce que onze heures sonnent, et toujours personne n'est venu
Attese che battessero le undici, e ancora non arrivò nessuno
enfin, il avait tellement faim qu'il ne pouvait plus attendre
Alla fine era così affamato che non poteva più aspettare
il a pris du poulet et l'a mangé en deux bouchées
Prese del pollo e lo mangiò in due bocconi
il tremblait en mangeant la nourriture
Stava tremando mentre mangiava il cibo
après cela, il a bu quelques verres de vin
Dopo di che bevve qualche bicchiere di vino
devenant plus courageux, il sortit du hall
Diventando più coraggioso, uscì dalla sala
et il traversa plusieurs grandes salles
e attraversò diverse grandi sale
il a traversé le palais jusqu'à ce qu'il arrive dans une chambre

Camminò per il palazzo finché non entrò in una camera
une chambre qui contenait un très bon lit
una camera che aveva un letto estremamente buono
il était très fatigué par son épreuve
era molto stanco per il suo calvario
et il était déjà minuit passé
e l'ora era già passata la mezzanotte
alors il a décidé qu'il était préférable de fermer la porte
Così decise che era meglio chiudere la porta
et il a conclu qu'il devrait aller se coucher
e concluse che doveva andare a letto
Il était dix heures du matin lorsque le marchand s'est réveillé
Erano le dieci del mattino quando il mercante si svegliò
au moment où il allait se lever, il vit quelque chose
Proprio mentre stava per alzarsi, vide qualcosa
il a été étonné de voir un ensemble de vêtements propres
Rimase stupito nel vedere un set di vestiti puliti
à l'endroit où il avait laissé ses vêtements sales
nel luogo in cui aveva lasciato i suoi vestiti sporchi
"ce palais appartient certainement à une sorte de fée"
"Certamente questo palazzo appartiene a una fata gentile"
" une fée qui m'a vu et qui a eu pitié de moi"
"una fata che mi ha visto e mi ha compatito"
il a regardé à travers une fenêtre
Guardò attraverso una finestra
mais au lieu de neige, il vit le jardin le plus charmant
ma invece della neve vide il giardino più delizioso
et dans le jardin il y avait les plus belles roses
e nel giardino c'erano le rose più belle
il est ensuite retourné dans la grande salle
Poi tornò nella Sala Grande
la salle où il avait mangé de la soupe la veille
la sala dove aveva mangiato la zuppa la sera prima
et il a trouvé du chocolat sur une petite table
e trovò della cioccolata su un tavolino

« Merci, bonne Madame la Fée », dit-il à voix haute.
«Grazie, buona Madama Fata», disse ad alta voce
"Merci d'être si attentionné"
"Grazie per essere così premuroso"
« Je vous suis extrêmement reconnaissant pour toutes vos faveurs »
"Vi sono estremamente grato per tutti i vostri favori"
l'homme gentil a bu son chocolat
L'uomo gentile bevve la sua cioccolata
et puis il est allé chercher son cheval
e poi andò a cercare il suo cavallo
mais dans le jardin il se souvint de la demande de Belle
ma in giardino si ricordò della richiesta Di Bella
et il coupa une branche de roses
e tagliò un ramo di rose
immédiatement il entendit un grand bruit
Immediatamente udì un gran rumore
et il vit une bête terriblement effrayante
e vide una bestia terribilmente spaventosa
il était tellement effrayé qu'il était sur le point de s'évanouir
Era così spaventato che era sul punto di svenire
« Tu es bien ingrat », lui dit la bête.
"Sei molto ingrato," gli disse la Bestia
et la bête parla d'une voix terrible
e la Bestia parlò con voce terribile
« Je t'ai sauvé la vie en te laissant entrer dans mon château »
"Ti ho salvato la vita permettendoti di entrare nel mio castello"
"et pour ça tu me voles mes roses en retour ?"
"E per questo mi rubi in cambio le mie rose?"
« Les roses que j'apprécie plus que tout »
"Le rose che apprezzo più di ogni altra cosa"
"mais tu mourras pour ce que tu as fait"
"Ma tu morirai per quello che hai fatto"
« Je ne vous donne qu'un quart d'heure pour vous préparer »
"Ti do solo un quarto d'ora per prepararti"
« Préparez-vous à la mort et dites vos prières »

"Preparati alla morte e dì le tue preghiere"
le marchand tomba à genoux
Il mercante cadde in ginocchio
et il leva ses deux mains
e alzò entrambe le mani
« Monseigneur, je vous supplie de me pardonner »
"Mio signore, ti supplico di perdonarmi"
« Je n'avais aucune intention de t'offenser »
"Non avevo intenzione di offenderti"
« J'ai cueilli une rose pour une de mes filles »
"Ho raccolto una rosa per una delle mie figlie"
"elle m'a demandé de lui apporter une rose"
"Mi ha chiesto di portarle una rosa"
**« Je ne suis pas ton seigneur, mais je suis une bête »,
répondit le monstre**
"Non sono il tuo signore, ma sono una Bestia," rispose il mostro
« Je n'aime pas les compliments »
"Non amo i complimenti"
« J'aime les gens qui parlent comme ils pensent »
"Mi piacciono le persone che parlano come pensano"
« N'imaginez pas que je puisse être ému par la flatterie »
"non crediate che io possa essere commosso dall'adulazione"
« Mais tu dis que tu as des filles »
"Ma tu dici di avere delle figlie"
"Je te pardonnerai à une condition"
"Ti perdonerò a una condizione"
« L'une de vos filles doit venir volontairement à mon palais »
"Una delle tue figlie deve venire volentieri al mio palazzo"
"et elle doit souffrir pour toi"
"E deve soffrire per te"
« Donne-moi ta parole »
"Fammi avere la tua parola"
"et ensuite tu pourras vaquer à tes occupations"
"E poi puoi fare i fatti tuoi"

« **Promets-moi ceci :** »
"Promettimi questo:"
"Si votre fille refuse de mourir pour vous, vous devez revenir dans les trois mois"
"Se tua figlia si rifiuta di morire per te, devi tornare entro tre mesi"
le marchand n'avait aucune intention de sacrifier ses filles
Il mercante non aveva intenzione di sacrificare le sue figlie
mais, comme on lui en donnait le temps, il voulait revoir ses filles une fois de plus
ma, poiché gli era stato dato tempo, voleva rivedere le sue figlie
alors il a promis qu'il reviendrait
Così promise che sarebbe tornato
et la bête lui dit qu'il pouvait partir quand il le voudrait
e la Bestia gli disse che poteva partire quando gli piaceva
et la bête lui dit encore une chose
e la Bestia gli disse un'altra cosa
« **Tu ne partiras pas les mains vides** »
"Non te ne andrai a mani vuote"
« **retourne dans la pièce où tu étais allongé** »
"Torna nella stanza dove ti sei sdraiato"
« **vous verrez un grand coffre au trésor vide** »
"Vedrai un grande scrigno vuoto"
« **Remplissez le coffre aux trésors avec ce que vous préférez** »
"Riempi lo scrigno del tesoro con ciò che ti piace di più"
"et j'enverrai le coffre au trésor chez toi"
"e manderò lo scrigno a casa tua"
et en même temps la bête s'est retirée
e nello stesso tempo la Bestia si ritirò
« **Eh bien,** » se dit le bon homme
"Ebbene," disse il brav'uomo tra sé
« **Si je dois mourir, je laisserai au moins quelque chose à mes enfants** »
"se devo morire, lascerò almeno qualcosa ai miei figli"

alors il retourna dans la chambre à coucher
Così tornò nella camera da letto
et il a trouvé une grande quantité de pièces d'or
e trovò un gran numero di pezzi d'oro
il a rempli le coffre au trésor que la bête avait mentionné
riempì lo scrigno del tesoro di cui la Bestia aveva parlato
et il sortit son cheval de l'écurie
e prese il cavallo dalla stalla
la joie qu'il ressentait en entrant dans le palais était désormais égale à la douleur qu'il ressentait en le quittant
La gioia che provava entrando nel palazzo era ora pari al dolore che provava lasciandolo
le cheval a pris un des chemins de la forêt
Il cavallo prese una delle strade della foresta
et quelques heures plus tard, le bon homme était à la maison
e in poche ore il brav'uomo fu a casa
ses enfants sont venus à lui
i suoi figli vennero da lui
mais au lieu de recevoir leurs étreintes avec plaisir, il les regardait
ma invece di ricevere i loro abbracci con piacere, li guardò
il brandit la branche qu'il tenait dans ses mains
Sollevò il ramo che aveva tra le mani
et puis il a fondu en larmes
e poi scoppiò in lacrime
« Belle », dit-il, « s'il te plaît, prends ces roses »
"Bellezza", disse, "per favore prendi queste rose"
"Vous ne pouvez pas savoir à quel point ces roses ont été chères"
"Non puoi sapere quanto siano state costose queste rose"
"Ces roses ont coûté la vie à ton père"
"Queste rose sono costate la vita a tuo padre"
et puis il raconta sa fatale aventure
e poi raccontò la sua fatale avventura
immédiatement les deux sœurs aînées crièrent
Immediatamente le due sorelle maggiori gridarono

et ils ont dit beaucoup de choses méchantes à leur belle sœur
E dissero molte cose cattive alla loro bella sorella
mais Belle n'a pas pleuré du tout
ma Bella non pianse affatto
« Regardez l'orgueil de ce petit misérable », dirent-ils.
"Guarda l'orgoglio di quel disgraziato," dissero.
"elle n'a pas demandé de beaux vêtements"
"Non ha chiesto bei vestiti"
"Elle aurait dû faire ce que nous avons fait"
"Avrebbe dovuto fare quello che abbiamo fatto noi"
"elle voulait se distinguer"
"Voleva distinguersi"
"alors maintenant elle sera la mort de notre père"
"Così ora sarà la morte del Padre nostro"
"et pourtant elle ne verse pas une larme"
"eppure non versa una lacrima"
"Pourquoi devrais-je pleurer ?" répondit Belle
"Perché dovrei piangere?" rispose Bella
« pleurer serait très inutile »
"Piangere sarebbe molto inutile"
« Mon père ne souffrira pas pour moi »
"Il Padre mio non patirà per me"
"le monstre acceptera une de ses filles"
"Il mostro accetterà una delle sue figlie"
« Je m'offrirai à toute sa fureur »
"Mi offrirò a tutto il suo furore"
« Je suis très heureux, car ma mort sauvera la vie de mon père »
"Sono molto felice, perché la mia morte salverà la vita di mio padre"
"ma mort sera une preuve de mon amour"
"La mia morte sarà una prova del mio amore"
« Non, ma sœur », dirent ses trois frères
«No, sorella», dissero i tre fratelli
"cela ne sera pas"
"Questo non avverrà"

"**nous allons chercher le monstre**"
"Andremo a cercare il mostro"
"**et soit on le tue...**"
"E o lo uccideremo..."
« **... ou nous périrons dans cette tentative** »
"... o periremo nel tentativo"
« **N'imaginez rien de tel, mes fils** », **dit le marchand.**
"Non immaginate una cosa del genere, figli miei," disse il mercante
"**La puissance de la bête est si grande que je n'ai aucun espoir que tu puisses la vaincre**"
"il potere della Bestia è così grande che non ho alcuna speranza che tu possa sconfiggerlo"
« **Je suis charmé par l'offre aimable et généreuse de Belle** »
"Sono affascinato dalla gentile e generosa offerta di Bella"
"**mais je ne peux pas accepter sa générosité**"
"ma non posso accettare la sua generosità"
« **Je suis vieux et je n'ai plus beaucoup de temps à vivre** »
"Sono vecchio e non mi resta molto da vivere"
"**Je ne peux donc perdre que quelques années**"
"così posso perdere solo qualche anno"
"**un temps que je regrette pour vous, mes chers enfants**"
"Tempo che rimpiango per voi, miei cari figli"
« **Mais père** », **dit Belle**
«Ma padre» disse Bella
"**tu n'iras pas au palais sans moi**"
"Non andrai a palazzo senza di me"
"**tu ne peux pas m'empêcher de te suivre**"
"Non puoi impedirmi di seguirti"
rien ne pourrait convaincre Belle autrement
nulla potrebbe convincere Bella del contrario
elle a insisté pour aller au beau palais
Insistette per andare al bel palazzo
et ses sœurs étaient ravies de son insistance
e le sue sorelle erano contente della sua insistenza
Le marchand était inquiet à l'idée de perdre sa fille

Il mercante era preoccupato al pensiero di perdere la figlia
il était tellement inquiet qu'il avait oublié le coffre rempli d'or
Era così preoccupato che si era dimenticato del forziere pieno d'oro
la nuit, il se retirait pour se reposer et fermait la porte de sa chambre
Di notte si ritirava a riposare e chiudeva la porta della camera
puis, à sa grande surprise, il trouva le trésor à côté de son lit
poi, con suo grande stupore, trovò il tesoro accanto al letto
il était déterminé à ne rien dire à ses enfants
Era deciso a non dirlo ai suoi figli
s'ils savaient, ils auraient voulu retourner en ville
Se l'avessero saputo, avrebbero voluto tornare in città
et il était résolu à ne pas quitter la campagne
ed era deciso a non lasciare la campagna
mais il confia le secret à Belle
ma lui si fidava di Bella con il segreto
elle l'informa que deux messieurs étaient venus
Lo informò che erano venuti due signori
et ils ont fait des propositions à ses sœurs
e fecero proposte alle sue sorelle
elle a supplié son père de consentir à leur mariage
Pregò suo padre di acconsentire al loro matrimonio
et elle lui a demandé de leur donner une partie de sa fortune
e gli chiese di dare loro un po' della sua fortuna
elle leur avait déjà pardonné
Lei li aveva già perdonati
les méchantes créatures se frottaient les yeux avec des oignons
Le creature malvagie si strofinavano gli occhi con le cipolle
pour forcer quelques larmes quand ils se sont séparés de leur sœur
per forzare alcune lacrime quando si sono separati dalla sorella
mais ses frères étaient vraiment inquiets

Ma i suoi fratelli erano davvero preoccupati
Belle était la seule à ne pas verser de larmes
Bella era l'unica che non versava lacrime
elle ne voulait pas augmenter leur malaise
Non voleva aumentare il loro disagio
le cheval a pris la route directe vers le palais
Il cavallo prese la strada diretta verso il palazzo
et vers le soir ils virent le palais illuminé
e verso sera videro il palazzo illuminato
le cheval est rentré à l'écurie
Il cavallo si riportò nella stalla
et le bon homme et sa fille entrèrent dans la grande salle
E il brav'uomo e sua figlia entrarono nella sala grande
ici ils ont trouvé une table magnifiquement dressée
Qui trovarono una tavola splendidamente imbandita
le marchand n'avait pas d'appétit pour manger
Il mercante non aveva appetito per mangiare
mais Belle s'efforçait de paraître joyeuse
ma Bella si sforzava di apparire allegra
elle s'est assise à table et a aidé son père
Si sedette a tavola e aiutò suo padre
mais elle pensait aussi :
Ma pensò anche tra sé:
"La bête veut sûrement m'engraisser avant de me manger"
"La bestia vuole certo ingrassarmi prima di mangiarmi"
"c'est pourquoi il offre autant de divertissement"
"Ecco perché provvede così tanti divertimenti"
après avoir mangé, ils entendirent un grand bruit
Dopo aver mangiato, udirono un gran rumore
et le marchand fit ses adieux à son malheureux enfant, les larmes aux yeux
e il mercante disse addio al suo sfortunato bambino, con le lacrime agli occhi
parce qu'il savait que la bête allait venir
perché sapeva che la Bestia stava arrivando
Belle était terrifiée par sa forme horrible

Bella era terrorizzata dalla sua forma orribile
mais elle a pris courage du mieux qu'elle a pu
ma si fece coraggio meglio che poté
et le monstre lui a demandé si elle était venue volontairement
e il mostro le chiese se fosse venuta volentieri
"Oui, je suis venue volontiers", dit-elle en tremblant
«Sì, sono venuta volentieri», disse lei tremante
la bête répondit : « Tu es très bon »
la Bestia rispose: "Sei molto buono"
"et je vous suis très reconnaissant, honnête homme"
"e vi sono molto grato; uomo onesto"
« Allez-y demain matin »
"Andate per la vostra strada domani mattina"
"mais ne pense plus jamais à revenir ici"
"ma non pensare mai più di venire qui"
« Adieu Belle, adieu bête », répondit-il
"Addio Bella, addio Bestia," rispose lui
et immédiatement le monstre s'est retiré
e subito il mostro si ritirò
« Oh, ma fille », dit le marchand
"Oh, figlia," disse il mercante
et il embrassa sa fille une fois de plus
e abbracciò ancora una volta la figlia
« Je suis presque mort de peur »
"Ho quasi paura a morte"
"crois-moi, tu ferais mieux de rentrer"
"Credimi, faresti meglio a tornare indietro"
"Laisse-moi rester ici, à ta place"
"Lasciami stare qui, al posto tuo"
« Non, père », dit Belle d'un ton résolu.
«No, padre» disse Bella in tono risoluto
"tu partiras demain matin"
"Partirai domani mattina"
« Laissez-moi aux soins et à la protection de la Providence »
"Lasciami alle cure e alla protezione della Provvidenza"

néanmoins ils sont allés se coucher
Ciononostante andarono a letto
ils pensaient qu'ils ne fermeraient pas les yeux de la nuit
Pensavano che non avrebbero chiuso occhio tutta la notte
mais juste au moment où ils se couchaient, ils s'endormirent
ma proprio come si sdraiarono, dormirono
La belle rêva qu'une belle dame venait et lui disait :
Bella sognò che una bella dama veniva e le diceva:
« Je suis content, Belle, de ta bonne volonté »
"Sono contenta, Bella, della tua buona volontà"
« Cette bonne action de votre part ne restera pas sans récompense »
"Questa tua buona azione non rimarrà senza ricompensa"
Belle s'est réveillée et a raconté son rêve à son père
Bella si svegliò e raccontò a suo padre il suo sogno
le rêve l'a aidé à se réconforter un peu
Il sogno lo aiutò a confortarlo un po'
mais il ne pouvait s'empêcher de pleurer amèrement en partant
ma non poté fare a meno di piangere amaramente mentre se ne andava
Dès qu'il fut parti, Belle s'assit dans la grande salle et pleura aussi
appena se ne fu andato, Bella sedette nella grande sala e pianse anche lei
mais elle résolut de ne pas s'inquiéter
ma decise di non essere a disagio
elle a décidé d'être forte pour le peu de temps qui lui restait à vivre
Decise di essere forte per il poco tempo che le restava da vivere
parce qu'elle croyait fermement que la bête la mangerait
perché credeva fermamente che la Bestia l'avrebbe mangiata
Cependant, elle pensait qu'elle pourrait aussi bien explorer le palais
Tuttavia, pensò che avrebbe potuto anche esplorare il palazzo

et elle voulait voir le beau château
e voleva vedere il bel castello
un château qu'elle ne pouvait s'empêcher d'admirer
un castello che non poté fare a meno di ammirare
c'était un palais délicieusement agréable
Era un palazzo deliziosamente piacevole
et elle fut extrêmement surprise de voir une porte
e fu estremamente sorpresa nel vedere una porta
et sur la porte il était écrit que c'était sa chambre
e sopra la porta c'era scritto che era la sua stanza
elle a ouvert la porte à la hâte
Aprì la porta in fretta
et elle était tout à fait éblouie par la magnificence de la pièce
e lei era piuttosto abbagliata dalla magnificenza della stanza
ce qui a principalement retenu son attention était une grande bibliothèque
Ciò che attirava principalmente la sua attenzione era una grande biblioteca
un clavecin et plusieurs livres de musique
un clavicembalo e diversi libri di musica
« Eh bien, » se dit-elle
«Ebbene», disse tra sé
« Je vois que la bête ne laissera pas mon temps peser sur moi »
"Vedo che la Bestia non lascerà che il mio tempo penda pesantemente"
puis elle réfléchit à sa situation
Poi ha riflettuto tra sé e sé sulla sua situazione
« Si je devais rester un jour, tout cela ne serait pas là »
"Se dovessi restare un giorno tutto questo non sarebbe qui"
cette considération lui inspira un courage nouveau
Questa considerazione le ispirò nuovo coraggio
et elle a pris un livre de sa nouvelle bibliothèque
e prese un libro dalla sua nuova biblioteca
et elle lut ces mots en lettres d'or :
E lesse queste parole a lettere d'oro:

« Accueillez Belle, bannissez la peur »
"Benvenuta Bella, scaccia la paura"
« Vous êtes reine et maîtresse ici »
"Tu sei la regina e la padrona qui"
« Exprimez vos souhaits, exprimez votre volonté »
"Esprimi i tuoi desideri, esprimi la tua volontà"
« L'obéissance rapide répond ici à vos souhaits »
"La rapida obbedienza soddisfa i tuoi desideri qui"
« Hélas, dit-elle avec un soupir
«Ahimè», disse lei, con un sospiro
« Ce que je souhaite par-dessus tout, c'est revoir mon pauvre père. »
"Più di tutto desidero vedere il mio povero padre"
"et j'aimerais savoir ce qu'il fait"
"e vorrei sapere cosa sta facendo"
Dès qu'elle eut dit cela, elle remarqua le miroir
Appena ebbe detto questo, notò lo specchio
à sa grande surprise, elle vit sa propre maison dans le miroir
Con suo grande stupore vide la propria casa nello specchio
son père est arrivé émotionnellement épuisé
Suo padre è arrivato emotivamente esausto
ses sœurs sont allées à sa rencontre
Le sue sorelle gli andarono incontro
malgré leurs tentatives de paraître tristes, leur joie était visible
Nonostante i loro tentativi di apparire addolorati, la loro gioia era visibile
un instant plus tard, tout a disparu
Un attimo dopo tutto scomparve
et les appréhensions de Belle ont également disparu
e anche le apprensioni di Bella scomparvero
car elle savait qu'elle pouvait faire confiance à la bête
perché sapeva di potersi fidare della Bestia
À midi, elle trouva le dîner prêt
A mezzogiorno trovò la cena pronta
elle s'est assise à la table

Si sedette a tavola
et elle a été divertie avec un concert de musique
e fu intrattenuta con un concerto di musica
même si elle ne pouvait voir personne
anche se non riusciva a vedere nessuno
le soir, elle s'est à nouveau assise pour dîner
La sera si sedette di nuovo a cena
cette fois elle entendit le bruit que faisait la bête
questa volta sentì il rumore che faceva la Bestia
et elle ne pouvait s'empêcher d'être terrifiée
e non poté fare a meno di essere terrorizzata
"Belle", dit le monstre
"Bella," disse il mostro
"est-ce que tu me permets de manger avec toi ?"
"Mi permetti di mangiare con te?"
« Fais comme tu veux », répondit Belle en tremblant
"Fai come ti pare," rispose Bella tremante
"Non", répondit la bête
"No," rispose la Bestia
"tu es seule la maîtresse ici"
"Tu sola sei la padrona qui"
"tu peux me renvoyer si je suis gênant"
"Puoi mandarmi via se sono fastidioso"
« renvoyez-moi et je me retirerai immédiatement »
"mandami via e mi ritirerò immediatamente"
« Mais dis-moi, ne me trouves-tu pas très laide ? »
"Ma, dimmi; non pensi che io sia molto brutta?"
"C'est vrai", dit Belle
«È vero» disse Bella
« Je ne peux pas mentir »
"Non posso dire una bugia"
"mais je crois que tu es de très bonne nature"
"ma credo che tu sia di buon carattere"
« Je le suis en effet », dit le monstre
"Lo sono davvero," disse il mostro
« Mais à part ma laideur, je n'ai pas non plus de bon sens »

"Ma a parte la mia bruttezza, non ho nemmeno senno"
« Je sais très bien que je suis une créature stupide »
"So benissimo di essere una creatura sciocca"
« Ce n'est pas un signe de folie de penser ainsi », répondit Belle.
«Non è un segno di follia pensarlo», rispose Bella
« Mange donc, belle », dit le monstre
"Mangia allora, Bella," disse il mostro
« essaie de t'amuser dans ton palais »
"Cerca di divertirti nel tuo palazzo"
"tout ici est à toi"
"Tutto qui è tuo"
"et je serais très mal à l'aise si tu n'étais pas heureux"
"e mi sentirei molto a disagio se tu non fossi felice"
« Vous êtes très obligeant », répondit Belle
"Sei molto cortese," rispose Bella
« J'avoue que je suis heureux de votre gentillesse »
"Ammetto di essere contento della tua gentilezza"
« et quand je considère votre gentillesse, je remarque à peine vos difformités »
"e quando considero la tua gentilezza, quasi non noto le tue deformità"
« Oui, oui, dit la bête, mon cœur est bon.
"Sì, sì," disse la Bestia, "il mio cuore è buono
"mais même si je suis bon, je suis toujours un monstre"
"ma anche se sono bravo, sono pur sempre un mostro"
« Il y a beaucoup d'hommes qui méritent ce nom plus que toi »
"Ci sono molti uomini che meritano questo nome più di te"
"et je te préfère tel que tu es"
"e ti preferisco così come sei"
"et je te préfère à ceux qui cachent un cœur ingrat"
"e ti preferisco più di quelli che nascondono un cuore ingrato"
"Si seulement j'avais un peu de bon sens", répondit la bête
"se solo avessi un po' di buonsenso," rispose la Bestia
"Si j'avais du bon sens, je vous ferais un beau compliment

pour vous remercier"
"se avessi buon senso farei un bel complimento per ringraziarvi"
"mais je suis si ennuyeux"
"ma sono così ottuso"
« Je peux seulement dire que je vous suis très reconnaissant »
"Posso solo dire che ti sono molto grato"
Belle a mangé un copieux souper
Bella ha mangiato una cena abbondante
et elle avait presque vaincu sa peur du monstre
e aveva quasi vinto il suo terrore del mostro
mais elle a voulu s'évanouir lorsque la bête lui a posé la question suivante
ma voleva svenire quando la Bestia le fece la domanda successiva
"Belle, veux-tu être ma femme ?"
"Bella, vuoi essere mia moglie?"
elle a mis du temps avant de pouvoir répondre
Ci mise un po' di tempo prima di poter rispondere
parce qu'elle avait peur de le mettre en colère
perché aveva paura di farlo arrabbiare
Mais finalement elle dit "non, bête"
alla fine, però, disse "no, Bestia"
immédiatement le pauvre monstre siffla très effroyablement
Immediatamente il povero mostro sibilò spaventosamente
et tout le palais résonna
e tutto il palazzo echeggiò
mais Belle se remit bientôt de sa frayeur
ma Bella si riprese presto dallo spavento
parce que la bête parla encore d'une voix lugubre
perché la Bestia parlò di nuovo con voce triste
"Alors adieu, Belle"
"allora addio, Bella"
et il ne se retournait que de temps en temps
e lui tornava indietro solo di tanto in tanto

de la regarder alors qu'il sortait
a guardarla mentre usciva
maintenant Belle était à nouveau seule
ora Bella era di nuovo sola
elle ressentait beaucoup de compassion
Provava una grande compassione
"Hélas, c'est mille fois dommage"
"Ahimè, sono mille pietà"
"tout ce qui est si bon ne devrait pas être si laid"
"Tutto ciò che è così bonario non dovrebbe essere così brutto"
Belle a passé trois mois très heureuse dans le palais
Bella trascorse tre mesi molto contenta nel palazzo
chaque soir la bête lui rendait visite
ogni sera la Bestia le faceva visita
et ils ont parlé pendant le dîner
e parlarono durante la cena
ils ont parlé avec bon sens
Parlavano con buon senso
mais ils ne parlaient pas avec ce que les gens appellent de l'esprit
Ma non parlavano con quella che la gente chiama arguzia
Belle a toujours découvert un caractère précieux dans la bête
Bella ha sempre scoperto un carattere prezioso nella Bestia
et elle s'était habituée à sa difformité
e si era abituata alla sua deformità
elle ne redoutait plus le moment de sa visite
Non temeva più l'ora della sua visita
maintenant elle regardait souvent sa montre
ora guardava spesso l'orologio
et elle ne pouvait pas attendre qu'il soit neuf heures
e non vedeva l'ora che fossero le nove
car la bête ne manquait jamais de venir à cette heure-là
perché la Bestia non mancava mai di arrivare a quell'ora
il n'y avait qu'une seule chose qui concernait Belle
c'era solo una cosa che riguardava Bella
chaque soir avant d'aller au lit, la bête lui posait la même

question
ogni sera, prima di andare a letto, la Bestia le faceva la stessa domanda
le monstre lui a demandé si elle voulait être sa femme
Il mostro le chiese se sarebbe stata sua moglie
un jour elle lui dit : "bête, tu me mets très mal à l'aise"
un giorno gli disse: "Bestia, mi metti molto a disagio"
« J'aimerais pouvoir consentir à t'épouser »
"Vorrei poter acconsentire a sposarti"
"mais je suis trop sincère pour te faire croire que je t'épouserais"
"ma sono troppo sincero per farti credere che ti sposerei"
"Notre mariage n'aura jamais lieu"
"Il nostro matrimonio non si farà mai"
« Je te verrai toujours comme un ami »
"Ti vedrò sempre come un amico"
"S'il vous plaît, essayez d'être satisfait de cela"
"Per favore, cerca di essere soddisfatto di questo"
« Je dois me contenter de cela », dit la bête
"Devo essere soddisfatto di questo," disse la Bestia
« Je connais mon propre malheur »
"Conosco la mia sfortuna"
"mais je t'aime avec la plus tendre affection"
"ma io ti amo con il più tenero affetto"
« Cependant, je devrais me considérer comme heureux »
"Tuttavia, dovrei considerarmi felice"
"et je serais heureux que tu restes ici"
"e sarei felice che tu restassi qui"
"promets-moi de ne jamais me quitter"
"Promettimi di non lasciarmi mai"
Belle rougit à ces mots
Bella arrossì a queste parole
Un jour, Belle se regardait dans son miroir
un giorno Bella si guardava allo specchio
son père s'était inquiété à mort pour elle
suo padre si era preoccupato da morire per lei

elle avait plus que jamais envie de le revoir
desiderava rivederlo più che mai
« Je pourrais te promettre de ne jamais te quitter complètement »
"Potrei prometterti di non lasciarti mai del tutto"
"mais j'ai tellement envie de voir mon père"
"ma ho tanta voglia di vedere mio padre"
« Je serais terriblement contrarié si tu disais non »
"Sarei incredibilmente arrabbiato se dicessi di no"
« Je préfère mourir moi-même », dit le monstre
«Preferirei morire io stesso», disse il mostro
« Je préférerais mourir plutôt que de te mettre mal à l'aise »
"Preferirei morire piuttosto che farti sentire a disagio"
« Je t'enverrai vers ton père »
"Ti manderò da tuo padre"
"tu resteras avec lui"
"Tu rimarrai con lui"
"et cette malheureuse bête mourra de chagrin à la place"
"e questa sfortunata Bestia morirà invece di dolore"
« Non », dit Belle en pleurant
«No», disse Bella, piangendo
"Je t'aime trop pour être la cause de ta mort"
"Ti amo troppo per essere la causa della tua morte"
"Je te promets de revenir dans une semaine"
"Ti prometto di tornare tra una settimana"
« Tu m'as montré que mes sœurs sont mariées »
"Mi hai mostrato che le mie sorelle sono sposate"
« et mes frères sont partis à l'armée »
"E i miei fratelli sono andati all'esercito"
« laisse-moi rester une semaine avec mon père, car il est seul »
"Lasciami stare una settimana con mio padre, perché è solo"
« Tu seras là demain matin », dit la bête
"Sarai lì domani mattina," disse la Bestia
"mais souviens-toi de ta promesse"
"Ma ricordati della tua promessa"

« Il vous suffit de poser votre bague sur une table avant d'aller vous coucher »
"Devi solo posare il tuo anello su un tavolo prima di andare a letto"
"et alors tu seras ramené avant le matin"
"E poi sarai ricondotto prima del mattino"
« Adieu chère Belle », soupira la bête
"Addio cara Bella," sospirò la Bestia
Belle s'est couchée très triste cette nuit-là
Bella andò a letto molto triste quella notte
parce qu'elle ne voulait pas voir la bête si inquiète
perché non voleva vedere la Bestia così preoccupata
le lendemain matin, elle se retrouva chez son père
La mattina dopo si ritrovò a casa di suo padre
elle a sonné une petite cloche à côté de son lit
Ha suonato un campanello accanto al suo letto
et la servante poussa un grand cri
e la cameriera lanciò un forte grido
et son père a couru à l'étage
e suo padre corse al piano di sopra
il pensait qu'il allait mourir de joie
Pensava che sarebbe morto di gioia
il l'a tenue dans ses bras pendant un quart d'heure
La tenne tra le braccia per un quarto d'ora
Finalement, les premières salutations étaient terminées
Alla fine i primi saluti erano finiti
Belle a commencé à penser à sortir du lit
Bella cominciò a pensare di alzarsi dal letto
mais elle s'est rendu compte qu'elle n'avait apporté aucun vêtement
ma si rese conto di non aver portato vestiti
mais la servante lui a dit qu'elle avait trouvé une boîte
ma la cameriera le disse che aveva trovato una scatola
le grand coffre était plein de robes et de robes
Il grande baule era pieno di abiti e vestiti
chaque robe était couverte d'or et de diamants

Ogni abito era ricoperto d'oro e diamanti
La Belle a remercié la Bête pour ses bons soins
Bella ringraziò la Bestia per le sue gentili cure
et elle a pris l'une des robes les plus simples
e prese uno dei vestiti più semplici
elle avait l'intention de donner les autres robes à ses sœurs
Intendeva dare gli altri abiti alle sue sorelle
mais à cette pensée le coffre de vêtements disparut
ma a quel pensiero il baule dei vestiti scomparve
la bête avait insisté sur le fait que les vêtements étaient pour elle seulement
La Bestia aveva insistito che i vestiti erano solo per lei
son père lui a dit que c'était le cas
Suo padre le disse che era così
et aussitôt le coffre de vêtements est revenu
e subito il baule dei vestiti tornò di nuovo
Belle s'est habillée avec ses nouveaux vêtements
Bella si è vestita con i suoi nuovi vestiti
et pendant ce temps les servantes allèrent chercher ses sœurs
e nel frattempo le cameriere andavano a cercare le sue sorelle
ses deux sœurs étaient avec leurs maris
Entrambe le sorelle erano con i loro mariti
mais ses deux sœurs étaient très malheureuses
ma entrambe le sue sorelle erano molto infelici
sa sœur aînée avait épousé un très beau gentleman
La sorella maggiore aveva sposato un gentiluomo molto bello
mais il était tellement amoureux de lui-même qu'il négligeait sa femme
ma era così affezionato a se stesso che trascurava sua moglie
sa deuxième sœur avait épousé un homme spirituel
La sua seconda sorella aveva sposato un uomo spiritoso
mais il a utilisé son esprit pour tourmenter les gens
Ma usava la sua arguzia per tormentare la gente
et il tourmentait surtout sa femme
e tormentava sua moglie più di ogni altra cosa
Les sœurs de Belle l'ont vue habillée comme une princesse

Le sorelle di Bella la videro vestita come una principessa
et ils furent écœurés d'envie
ed erano nauseati d'invidia
maintenant elle était plus belle que jamais
ora era più bella che mai
son comportement affectueux n'a pas pu étouffer leur jalousie
Il suo comportamento affettuoso non riusciva a soffocare la loro gelosia
elle leur a dit combien elle était heureuse avec la bête
disse loro quanto fosse felice con la Bestia
et leur jalousie était prête à éclater
e la loro gelosia era pronta a scoppiare
Ils descendirent dans le jardin pour pleurer leur malheur
Scesero in giardino a piangere per la loro sfortuna
« En quoi cette petite créature est-elle meilleure que nous ? »
"In che senso questa piccola creatura è migliore di noi?"
« Pourquoi devrait-elle être tellement plus heureuse ? »
«Perché dovrebbe essere molto più felice?»
« Sœur », dit la sœur aînée
"Sorella", disse la sorella maggiore
"une pensée vient de me traverser l'esprit"
"Un pensiero mi ha colpito la mente"
« Essayons de la garder ici plus d'une semaine »
"Cerchiamo di tenerla qui per più di una settimana"
"Peut-être que cela fera enrager ce monstre idiot"
"Forse questo farà infuriare lo sciocco mostro"
« parce qu'elle aurait manqué à sa parole »
"perché avrebbe mancato alla sua parola"
"et alors il pourrait la dévorer"
"e allora potrebbe divorarla"
"C'est une excellente idée", répondit l'autre sœur
«È un'ottima idea», rispose l'altra sorella
« Nous devons lui montrer autant de gentillesse que possible »
"Dobbiamo mostrarle quanta più gentilezza possibile"

les sœurs en ont fait leur résolution
Le suore presero questa decisione
et ils se sont comportés très affectueusement envers leur sœur
e si comportavano molto affettuosamente con la sorella
pauvre Belle pleurait de joie à cause de toute leur gentillesse
la povera Bella piangeva di gioia per tutta la sua gentilezza
quand la semaine fut expirée, ils pleurèrent et s'arrachèrent les cheveux
Quando la settimana era scaduta, piangevano e si strappavano i capelli
ils semblaient si désolés de se séparer d'elle
Sembravano così dispiaciuti di separarsi da lei
et Belle a promis de rester une semaine de plus
e Bella ha promesso di rimanere una settimana in più
Pendant ce temps, Belle ne pouvait s'empêcher de réfléchir sur elle-même
Nel frattempo, Bella non poteva fare a meno di riflettere su se stessa
elle s'inquiétait de ce qu'elle faisait à la pauvre bête
si preoccupava di quello che stava facendo alla povera Bestia
elle sait qu'elle l'aimait sincèrement
Lei sa che lo amava sinceramente
et elle avait vraiment envie de le revoir
e desiderava davvero rivederlo
la dixième nuit qu'elle a passée chez son père aussi
la decima notte la passò anche lei a casa del padre
elle a rêvé qu'elle était dans le jardin du palais
Sognò di essere nel giardino del palazzo
et elle rêva qu'elle voyait la bête étendue sur l'herbe
e sognò di vedere la Bestia distesa sull'erba
il semblait lui faire des reproches d'une voix mourante
sembrava rimproverarla con voce morente
et il l'accusa d'ingratitude
e lui l'accusò di ingratitudine
Belle s'est réveillée de son sommeil

Bella si svegliò dal suo sonno
et elle a fondu en larmes
e scoppiò in lacrime
« **Ne suis-je pas très méchant ?** »
"Non sono io molto malvagio?"
« **N'était-ce pas cruel de ma part d'agir si méchamment envers la bête ?** »
«Non è stato crudele da parte mia comportarmi in modo così scortese con la Bestia?»
"**la bête a tout fait pour me faire plaisir**"
"La bestia ha fatto di tutto per farmi piacere"
« **Est-ce sa faute s'il est si laid ?** »
«È colpa sua se è così brutto?»
« **Est-ce sa faute s'il a si peu d'esprit ?** »
«È colpa sua se ha così poco spirito?»
« **Il est gentil et bon, et cela suffit** »
"È buono e gentile, e questo basta"
« **Pourquoi ai-je refusé de l'épouser ?** »
"Perché ho rifiutato di sposarlo?"
« **Je devrais être heureux avec le monstre** »
"Dovrei essere felice con il mostro"
« **regarde les maris de mes sœurs** »
"Guarda i mariti delle mie sorelle"
« **Ni l'esprit, ni la beauté ne les rendent bons** »
"né l'arguzia, né l'essere bello li rende buoni"
« **aucun de leurs maris ne les rend heureuses** »
"Nessuno dei loro mariti le rende felici"
« **mais la vertu, la douceur de caractère et la patience** »
"ma virtù, dolcezza d'animo e pazienza"
"**ces choses rendent une femme heureuse**"
"Queste cose rendono felice la donna"
"**et la bête a toutes ces qualités précieuses**"
"e la Bestia ha tutte queste preziose qualità"
"**c'est vrai, je ne ressens pas de tendresse et d'affection pour lui**"
"È vero; Non sento la tenerezza dell'affetto per lui"

"mais je trouve que j'éprouve la plus grande gratitude envers lui"
"ma trovo di avere la più alta gratitudine per lui"
"et j'ai la plus haute estime pour lui"
"e ho la più alta stima di lui"
"et il est mon meilleur ami"
"E lui è il mio migliore amico"
« Je ne le rendrai pas malheureux »
"Non lo renderò infelice"
« Si j'étais si ingrat, je ne me le pardonnerais jamais »
"Se fossi così ingrato, non me lo perdonerei mai"
Belle a posé sa bague sur la table
Bella ha messo il suo anello sul tavolo
et elle est retournée au lit
e andò di nuovo a letto
à peine était-elle au lit qu'elle s'endormit
Era appena a letto che si addormentò
elle s'est réveillée à nouveau le lendemain matin
Si svegliò di nuovo la mattina dopo
et elle était ravie de se retrouver dans le palais de la bête
ed era felicissima di trovarsi nel palazzo della Bestia
elle a mis une de ses plus belles robes pour lui faire plaisir
Ha indossato uno dei suoi vestiti più belli per compiacerlo
et elle attendait patiemment le soir
e attese pazientemente la sera
enfin l'heure tant souhaitée est arrivée
Finalmente giunse l'ora desiderata
L'horloge a sonné neuf heures, mais aucune bête n'est apparue
l'orologio batté le nove, ma non apparve nessuna Bestia
La belle craignit alors d'avoir été la cause de sa mort
Bella allora temeva di essere stata la causa della sua morte
elle a couru en pleurant dans tout le palais
Corse piangendo per tutto il palazzo
après l'avoir cherché partout, elle se souvint de son rêve
Dopo averlo cercato dappertutto, si ricordò del suo sogno

et elle a couru vers le canal dans le jardin
e corse verso il canale in giardino
là elle a trouvé la pauvre bête étendue
lì trovò la povera Bestia distesa
et elle était sûre de l'avoir tué
ed era sicura di averlo ucciso
elle se jeta sur lui sans aucune crainte
gli si gettò addosso senza alcun timore
son cœur battait encore
il suo cuore batteva ancora
elle est allée chercher de l'eau au canal
andò a prendere un po' d'acqua dal canale
et elle versa l'eau sur sa tête
E gli versò l'acqua sul capo
la bête ouvrit les yeux et parla à Belle
la Bestia aprì gli occhi e parlò alla Bella
« **Tu as oublié ta promesse** »
"Hai dimenticato la tua promessa"
« **J'étais tellement navrée de t'avoir perdu** »
"Avevo il cuore spezzato per averti perso"
« **J'ai décidé de me laisser mourir de faim** »
"Ho deciso di morire di fame"
"**mais j'ai le bonheur de te revoir une fois de plus**"
"ma ho la felicità di rivederti ancora una volta"
"**j'ai donc le plaisir de mourir satisfait**"
"così ho il piacere di morire soddisfatto"
« **Non, chère bête** », dit Belle, « **tu ne dois pas mourir** »
"No, cara Bestia," disse Bella, "non devi morire"
« **Vis pour être mon mari** »
"Vivere per essere mio marito"
"**à partir de maintenant je te donne ma main**"
"da questo momento ti do la mia mano"
"**et je jure de n'être que le tien**"
"e giuro di essere solo tuo"
« **Hélas ! Je pensais n'avoir que de l'amitié pour toi** »
"Ahimè! Pensavo di avere solo un'amicizia per te"

« mais la douleur que je ressens maintenant m'en convainc » ;
"ma il dolore che provo ora mi convince";
"Je ne peux pas vivre sans toi"
"Non posso vivere senza di te"
Belle avait à peine prononcé ces mots lorsqu'elle vit une lumière
Bella aveva appena pronunciato queste parole quando vide una luce
le palais scintillait de lumière
Il palazzo brillava di luce
des feux d'artifice ont illuminé le ciel
I fuochi d'artificio illuminavano il cielo
et l'air rempli de musique
e l'aria piena di musica
tout annonçait un grand événement
Tutto dava l'avviso di qualche grande evento
mais rien ne pouvait retenir son attention
ma nulla riusciva a catturare la sua attenzione
elle s'est tournée vers sa chère bête
si rivolse alla sua cara Bestia
la bête pour laquelle elle tremblait de peur
la Bestia per la quale tremava di paura
mais sa surprise fut grande face à ce qu'elle vit !
Ma la sua sorpresa fu grande per quello che vide!
la bête avait disparu
la Bestia era scomparsa
Au lieu de cela, elle a vu le plus beau prince
invece vide il principe più bello
elle avait mis fin au sort
Aveva messo fine all'incantesimo
un sort sous lequel il ressemblait à une bête
un incantesimo sotto il quale assomigliava a una Bestia
ce prince était digne de toute son attention
Questo principe era degno di tutta la sua attenzione
mais elle ne pouvait s'empêcher de demander où était la bête

ma non poté fare a meno di chiedere dove fosse la Bestia
« Vous le voyez à vos pieds », dit le prince
"Lo vedi ai tuoi piedi," disse il principe
« Une méchante fée m'avait condamné »
"Una fata malvagia mi aveva condannato"
« Je devais rester dans cette forme jusqu'à ce qu'une belle princesse accepte de m'épouser »
"Dovevo rimanere in quella forma fino a quando una bella principessa non avesse accettato di sposarmi"
"la fée a caché ma compréhension"
"La fata ha nascosto il mio intelletto"
« tu étais le seul assez généreux pour être charmé par la bonté de mon caractère »
"Sei stato l'unico abbastanza generoso da essere affascinato dalla bontà del mio carattere"
Belle était agréablement surprise
Bella è stata felicemente sorpresa
et elle donna sa main au charmant prince
e diede la mano al principe azzurro
ils sont allés ensemble au château
Entrarono insieme nel castello
et Belle fut ravie de retrouver son père au château
e Bella fu felicissima di trovare suo padre nel castello
et toute sa famille était là aussi
e c'era anche tutta la sua famiglia
même la belle dame qui lui était apparue dans son rêve était là
Anche Bella signora che le era apparsa in sogno era lì
"Belle", dit la dame du rêve
"Bella", disse la dama del sogno
« viens et reçois ta récompense »
"Vieni e ricevi la tua ricompensa"
« Vous avez préféré la vertu à l'esprit ou à l'apparence »
"Hai preferito la virtù all'arguzia o all'aspetto"
"et tu mérites quelqu'un chez qui ces qualités sont réunies"
"E tu meriti qualcuno in cui queste qualità siano unite"

"tu vas être une grande reine"
"Diventerai una grande regina"
« J'espère que le trône ne diminuera pas votre vertu »
"Spero che il trono non diminuisca la tua virtù"
puis la fée se tourna vers les deux sœurs
Allora la fata si rivolse alle due sorelle
« J'ai vu à l'intérieur de vos cœurs »
"Ho visto dentro i vostri cuori"
"et je connais toute la méchanceté que contiennent vos cœurs"
"e conosco tutta la malizia che i vostri cuori contengono"
« Vous deux deviendrez des statues »
"Voi due diventerete statue"
"mais vous garderez votre esprit"
"Ma voi manterrete la vostra mente"
« Tu te tiendras aux portes du palais de ta sœur »
"Ti fermerai alle porte del palazzo di tua sorella"
"Le bonheur de ta sœur sera ta punition"
"La felicità di tua sorella sarà la tua punizione"
« vous ne pourrez pas revenir à vos anciens états »
"Non potrai tornare ai tuoi stati precedenti"
« à moins que vous n'admettiez tous les deux vos fautes »
"A meno che entrambi non ammettiate le vostre colpe"
"mais je prévois que vous resterez toujours des statues"
"ma prevedo che rimarrete sempre statue"
« L'orgueil, la colère, la gourmandise et l'oisiveté sont parfois vaincus »
"L'orgoglio, l'ira, la gola e l'ozio sono talvolta vinti"
" mais la conversion des esprits envieux et malveillants sont des miracles "
"Ma la conversione delle menti invidiose e maligne sono miracoli"
immédiatement la fée donna un coup de baguette
Immediatamente la fata diede un colpo con la bacchetta
et en un instant tous ceux qui étaient dans la salle furent transportés

e in un attimo tutti quelli che erano nella sala furono trasportati
ils étaient entrés dans les domaines du prince
Erano entrati nei domini del principe
les sujets du prince l'ont reçu avec joie
I sudditi del principe lo accolsero con gioia
le prêtre a épousé Belle et la bête
il prete sposò Bella e la bestia
et il a vécu avec elle de nombreuses années
e visse con lei molti anni
et leur bonheur était complet
e la loro felicità era completa
parce que leur bonheur était fondé sur la vertu
perché la loro felicità era fondata sulla virtù

                         La fin
                         La fine

www.tranzlaty.com

www.ingramcontent.com/pod-product-compliance
Lightning Source LLC
Chambersburg PA
CBHW011556070526
44585CB00023B/2622